博鳌瞬间

— BOAO MOMENT —

镜头里的博鳌亚洲论坛20年

纪念海南参与博鳌亚洲论坛20周年丛书编委会 / 编

海南出版社
·海口·

图书在版编目（CIP）数据

博鳌瞬间：镜头里的博鳌亚洲论坛20年 / 纪念海南参与博鳌亚洲论坛20周年丛书编委会编. -- 海口：海南出版社，2021.3
（纪念海南参与博鳌亚洲论坛20周年丛书）
ISBN 978-7-5443-9837-4

Ⅰ. ①博… Ⅱ. ①纪… Ⅲ. ①区域经济发展－琼海－画册②社会发展－琼海－画册 Ⅳ. ①F127.664-64

中国版本图书馆CIP数据核字(2021)第038690号

博鳌瞬间：镜头里的博鳌亚洲论坛20年
BOAO SHUNJIAN: JINGTOU LI DE BOAO YAZHOU LUNTAN 20 NIAN
纪念海南参与博鳌亚洲论坛20周年丛书编委会 编

策划编辑：王景霞　谭丽琳
责任编辑：朱　奕　胡守景
特邀编辑：杨卫平
印刷装订：深圳市国际彩印有限公司
海南出版社　出版发行
地　　址：海口市金盘开发区建设三横路2号
邮　　编：570216
电　　话：0898-66816923
经　　销：全国新华书店
开　　本：787mm×1092mm　1/16
字　　数：170千字
印　　张：17.25
版　　次：2021年3月第1版
印　　次：2021年3月第1次印刷
书　　号：ISBN 978-7-5443-9837-4
定　　价：89.00元

序

2001 年 2 月，博鳌亚洲论坛宣告成立，揭开了亚洲国家和人民对话合作的新篇章。20 年来，亚洲各国追求对话合作的最强音，一次次从博鳌发出；全世界都在每年春天翘首以盼，聚焦博鳌年度盛会。在亚洲人民的呵护中，博鳌亚洲论坛成长为立足亚洲、面向世界的具有全球重要影响力的国际论坛。

博鳌亚洲论坛迈出了发出亚洲声音的第一步，象征着亚洲合作和共识的新曙光。博鳌亚洲论坛顺应了亚洲模式、亚洲价值觉醒的历史轨迹，最终在宽广的太平洋和古老的亚洲大陆交界之处，在美丽的博鳌，发出了亚洲最强音。20 年来，140 多位中外领导人先后在博鳌登台演讲，讲述属于全体亚洲人的“亚洲故事”。回望历史，从公元前 4000 年沙特塔布克地区的石雕人像到新石器时代中国良渚文化玉琮，从距今 3000 年的老挝铜鼓到公元前 8—前 7 世纪亚美尼亚陶鸟形来通，古老的亚洲大陆孕育出的独特文化熠熠生辉，为人类文明做出了重要的贡献。亚洲是世界最具经济发展活力的地区之一，“亚洲价值”和“亚洲模式”受到广泛重视。进入新千年，伴随着博鳌亚洲论坛的成长，亚洲国家逐渐走向世界舞台的中央，亚洲国家经济总量由全球的 27%上升到 36%，GDP 总量排名前 5 的国家中有 3 个来自亚洲。这一切都让我对论坛创办者的远见卓识深深折服，21 世纪真的就如他们预言的那样，是光彩夺目的“亚洲世纪”。从亚洲一体化到构建亚洲命运共同体，再到构建人类命运共同体；从“一带一路”到亚洲基础设施投资银行；从金砖国家领导人第三次会晤，到澜沧江—湄公河合作首次领导人会议……一个又一个精彩的“亚洲故事”在这里上演，亚洲国家命运也因此紧紧相连。

论坛落户中国海南，历史选择了勤劳勇敢的中国人民，选择了包容善良、热情友好的海南人民。拉莫斯、霍克、细川护熙三位论坛发起人 1998 年就在《马尼拉倡议》中毫不讳言，“中国作为亚洲在联合国安理会的唯一代表，在 21 世纪初很有可能成为世界最大的经济体，论坛的发展离不开中国的大力支持”。乘着中国走向世界的大潮，海南因改革开放而生，因改革开放而兴，论坛落户海南是珠联璧合。20 年来，海南省为博鳌亚洲论坛健康发展默默奉献，将论坛工作作为全省工作的头等大事来抓，每年春天海南全省动员全力服务保障论坛年会，给历届嘉宾留下了深刻的美好印象。

博鳌亚洲论坛的故事，也是属于亚洲各国人民的故事。又一个春天即将来到，让我们在博鳌，再次一起倾听古老亚洲大陆新的声音，一起汇聚起连接世界的磅礴力量！

博鳌亚洲论坛理事长、联合国第八任秘书长

Ki Moon Ban 潘基文

第一章 博鳌历程
01 · 新世纪 新挑战 新亚洲 …… 003
02 · 亚洲寻求合作共赢 …… 019
03 · 新经济与绿色可持续发展 …… 035
04 · 从“一带一路”到“人类命运共同体” …… 047

第二章 博鳌速度
01 · 水城崛起 佳话传奇 …… 071
02 · 会址落成 备受瞩目 …… 081
03 · 功能齐全 美景如画 …… 093
04 · 立体路网 四方通达 …… 117
05 · 周边配套 共奏华章 …… 135

第三章 博鳌乐章
01 · 会前演练 检查落实 …… 161
02 · 专业服务 保障到位 …… 181
03 · 海南元素 论坛绽放 …… 201

第四章 博鳌风光
01 · 河海交融 …… 223
02 · 绿意情韵 …… 235
03 · 田园小镇 …… 245
04 · 诗意栖居 …… 255

BOAO MOMENT

20

20 YEARS OF BOAO FORUM FOR ASIA IN CAMERAS

第一章

博鳌历程

博鳌，海南东海岸一个昔日名不见经传的渔村小镇，今日已成为闻名亚洲乃至世界的国际化田园小镇。

博鳌亚洲论坛2018年年会开幕式上，中国国家主席习近平发表主旨演讲指出：“博鳌亚洲论坛成立以来，立足亚洲，面向世界，在凝聚亚洲共识、促进各方合作、推进经济全球化、推动构建人类命运共同体等方面建言献策，提出许多富有价值的‘博鳌方案’，作出了积极贡献。”

二十载光阴如白驹过隙，倏忽而过。博鳌亚洲论坛自2001年成立以来，顺应全球化发展潮流，从寻求共赢、应对危机，到绿色发展、共创新未来、构建人类命运共同体……通过搭建政商学对话平台，传递了亚洲声音。现今，其已发展成为全球政治领袖和各界精英对话的重要平台，见证中国潮与世界潮激荡交融，展现中国对外开放伟大成就的重要窗口。

01

新世纪 新挑战 新亚洲

博鳌亚
Inaugural Ce

坛成立会址
of Boao Forum for Asia

（见上图）

2001 年 2 月 26 日，博鳌亚洲论坛成立会址广场上，26 个博鳌亚洲论坛发起国的国旗迎风飘扬。博鳌亚洲论坛成立大会的召开，见证着一个新亚洲时代的诞生。平等、互惠、共赢、共存之新亚洲曙光，正在太平洋西岸美丽的博鳌小镇上升起，将为古老的亚洲大地带来勃勃生机。

符海涛 — 摄

2001 年 2 月 26 日下午，博鳌亚洲论坛筹委会举办了专家学者会议，来自 26 个国家的专家学者参加了会议。会议由博鳌亚洲论坛临时秘书长辛格主持。

黄一鸣 摄

Boao Forum for Asia Inaugural Ceremony
博鳌亚洲论坛成立大会
ASIA

2001年2月27日，博鳌亚洲论坛成立大会在刚刚落成的博鳌水城成立会址召开。中国国家主席江泽民参加开幕式并致辞。来自26个国家的政要、专家学者等1000多名代表参加了会议。大会宣布博鳌亚洲论坛正式成立，通过了《博鳌亚洲论坛宣言》《博鳌亚洲论坛章程指导原则》等纲领性文件。会议取得圆满成功并受到了国际社会的广泛关注。

博鳌亚洲论坛的成立，是亚洲区域合作发展史上的一件大事，揭开了新世纪亚洲国家寻求合作、加强对话、实现共同发展的新篇章。

黄一鸣 摄

博鳌亚洲论坛的成立引起了亚洲国家的高度关注。2001 年 2 月 26 日，马来西亚总理马哈蒂尔乘专机抵达海口美兰机场，根据礼宾安排，海南省领导赴机场迎接。

海南省外事办公室 - 提供

2001 年 2 月 27 日，博鳌亚洲论坛成立大会召开期间，博鳌亚洲论坛倡导者之一、澳大利亚前总理霍克在博鳌亚洲论坛新闻中心被记者重重包围，成了媒体采访的热点人物。

王军 摄

博鳌亚洲论坛成立大会闭幕后，澳大利亚前总理霍克（中）、菲律宾前总统拉莫斯（右）等论坛倡导者与论坛中方代表陈锦华（左）举杯庆祝博鳌亚洲论坛正式成立。

黄一鸣 摄

Boao Forum for Asia 2002 Annual
博鳌亚洲论坛2002年会
BOAO FORUM FOR
ASIA

onference
CHINA'S ENTRY INTO WTO
AND REGIONAL ECONOMIC DEVELO ENT
中国入世与亚洲共同发

（见上图）

◎ 2002 年 4 月 11 日至 13 日，博鳌亚洲论坛首届年会在博鳌水城成立会址举行，来自 48 个国家和地区的 1900 多名嘉宾参加了会议。本次年会举行了 2 场全体大会、20 多场主题大会与议题分会。参加这次年会的既有亚太地区主要国家的现任及前任政府首脑、各国政府部长级高官，又有世界银行等国际组织负责人、世界五百强企业及亚洲知名企业领导人，还有一批知名的专家学者。与会人士涵盖了亚洲各个地区、各个领域，表明了博鳌亚洲论坛的包容性和广泛的影响力。

图为"中国入世与亚洲共同发展"专题会议上，时任中国外经贸部副部长龙永图向与会代表介绍中国加入世界贸易组织的相关情况。

■ 黄一鸣 – 摄

2002 年 4 月 11 日，博鳌亚洲论坛举行会员大会，26 个发起国代表和论坛正式会员出席。会员大会选举产生了论坛第一届理事会，通过了论坛章程，正式确定博鳌亚洲论坛为非官方、非营利性、定期、定址的国际组织。菲律宾前总统拉莫斯当选博鳌亚洲论坛理事长。图为论坛闭幕式新闻发布会上，拉莫斯向媒体介绍博鳌亚洲论坛年会召开情况。首届年会达成了许多积极共识，参会人数比原先预计的增加 1 倍多，这说明博鳌亚洲论坛越来越为世人所知并具有强大的吸引力。

鲁海涛 - 摄

C 02

亚洲寻求合作共赢

C 博鳌东屿岛，博鳌亚洲论坛永久会址——博鳌亚洲论坛国际会议中心广场上，沐浴在晨光中的《地球上的亚洲》雕塑与博鳌亚洲论坛发起国国旗。

2003年，因“非典”疫情，博鳌亚洲论坛2003年年会被迫推迟至下半年举行。“走到一起来”成为亚洲各国人民的共同心声，也是博鳌亚洲论坛2003年年会的最强音。

■ 张杰 – 摄

C 2003 年 11 月 2 日，博鳌亚洲论坛 2003 年年会在刚刚建成不久的东屿岛博鳌亚洲论坛国际会议中心举行，来自 36 个国家和地区的政界、学界、商界人士，以及国际组织代表共 1200 多人参加了会议。

本届年会围绕“亚洲寻求共赢：合作促进发展”主题，就亚洲经济发展前景等问题进行深入探讨和交流，获得了成员国的广泛赞同。

宽敞而崭新的会议中心，让来自世界各地的与会代表耳目一新。自此，每一届的博鳌亚洲论坛年会都在此召开。

王军 摄

ASIA

博鳌亚洲论坛国际会议中心总面积 37000 平方米，共分 3 层。主会场位于会议中心第 2 层，总面积 2592 平方米，可以同时容纳 2000 人与会。会场的主色调采用黄色，给人以规模宏大、金碧辉煌的印象。会议中心配有“6+1”同声传译系统和 360° 高分辨率摄像、放像系统，中部还配备活动隔离墙，可以根据会议的需要将会场隔离成两部分，而会场设施设备的先进程度在海南独一无二，在全国亦是少有。

骆云飞 - 摄

C 2003年11月2日，世界经济论坛主席施瓦布出席了博鳌亚洲论坛2003年年会并发表演讲。施瓦布接受媒体采访时表示，博鳌亚洲论坛2003年年会到会嘉宾层次之高、会上发言之坦率，以及论坛的会议基础设施建设速度之快，都给人留下了深刻印象。施瓦布称，博鳌亚洲论坛是亚洲区域合作中最活跃的表现形式，它已成为一种强有力的、必不可少的推动世界经济发展的力量。

宋国强 摄

C 随着博鳌亚洲论坛影响力的不断加强，许多外国政要前来博鳌参加年会，每年年会都会有一些新面孔出现，也会设置新议题。年会讨论的议题也由“亚洲新角色”发展到“亚欧未来合作”“世界经济增长”等广泛的范畴。2005 年 4 月 23 日，博鳌亚洲论坛 2005 年年会全体大会“亚洲的新角色”主旨演讲会上，时任澳大利亚总理约翰·温斯顿·霍华德（右）和前任总理霍克（左）同台回答媒体提问。

黄一鸣 – 摄

Supply
BOAO FORUM FOR
ASIA

2004年4月24日，博鳌亚洲论坛2004年年会开幕。"亚洲寻求共赢"是博鳌亚洲论坛的永恒主题，博鳌亚洲论坛2004年年会设置了"供应链与亚洲制造"分会场、"金融合作：迈向亚洲经济一体化的重要一步"分会场，同时举行了"亚洲文化交流与合作"圆桌会议和企业家峰会。亚洲各国的政府代表、经济学家、企业家在这些平台上畅谈交流与合作。图为"供应链与亚洲制造"分会场上，嘉宾畅谈亚洲制造业的机遇与未来。

王军 摄

BOAO FORUM FOR ASIA ANNUAL CO
博鳌亚洲论坛2006年年会
PRESS CONFERENCE
www.boaoforum.org
BOAO FORUM FOR ASIA
2006

2006年4月23日，博鳌亚洲论坛2006年年会新闻发布会在博鳌索菲特酒店举行。本届年会有近900名代表出席，其中企业界代表占了3/4，不仅亚洲国家的知名企业积极参与讨论亚洲的发展新机会、新增长，众多的跨国企业也纷纷加入本届论坛年会的讨论中。本届论坛年会有一个突出的现象是大部分议题为“中国议题”，中国经济发展引起了广泛关注。

李幸璜 摄

Boao Forum Fo
Annual Conferen
博鳌亚洲论坛200
BOAO FORUM FOR
ASIA

看重亚洲巨大的人才优势和广阔的市场前景，“微软巨人”比尔·盖茨来了！微软公司董事长、比尔及梅琳达·盖茨基金会联席主席比尔·盖茨出席博鳌亚洲论坛2007年年会开幕式并发表主旨演讲，引起了广泛关注。“亚洲发展是惊人的！”这是盖茨在论坛年会期间说得最多的一句话。他还表示，亚洲有优秀的人才，他们将会成为科技革新方面的领军人物。

以微软公司董事长比尔·盖茨出席本届论坛年会为标志，跨国公司、国内著名大企业参与论坛年会达到了一个新的标高。

王军 摄

C03

新经济与绿色可持续发展

Sustainable grow

C 2008年4月11日至13日，博鳌亚洲论坛2008年年会在海南博鳌举行。本届年会的主题是“绿色亚洲：在变革中实现共赢”。本届年会设置了绿色能源、中国改革开放、气候变化、企业的社会责任、创新造就与可持续发展、互联网的未来等议题，这些都成了人们关注的话题。

在“创新造就与可持续发展”分论坛会场入口处，摆放了十分醒目的标题海报。从限制污染排放到开发清洁能源，从可替代燃料再生到节能环保技术转让，从政府角色到企业责任，从区域环保合作到建立全球化合作框架，从绿色商务思维到引入科学发展……博鳌亚洲论坛，正向世界清晰传递着自己的声音。

▪ 黄一鸣 – 摄

每年参加博鳌亚洲论坛年会的嘉宾，不仅有各国政要、学界、商界代表，还有各领域的领军人士。2009 年 4 月 19 日，博鳌亚洲论坛 2009 年年会一场分论坛刚结束，体育界代表姚明一出会场就受到了记者们的拥堵采访。

黄一鸣 摄

BOAO FORUM FOR
ASIA
o Forum For A
al Conference
洲论坛

2009 年 4 月 18 日，日本前首相福田康夫在出席博鳌亚洲论坛年会后会见了海南省领导。宾主双方在轻松友好的氛围里展开了对话，就推动海南与日本在经贸、文化、旅游等领域的合作交换了意见。

海南省外事办公室 — 提供

C 2010 年 4 月 8 日，博鳌亚洲论坛会员大会召开，产生了 9 位新论坛理事。日本前首相福田康夫（右）当选为论坛理事会理事长。会员大会结束后，新当选的理事长福田康夫和澳大利亚前总理霍克（中），前任论坛理事长、菲律宾前总统拉莫斯（左）竖起大拇指相互致意。

李英挺 摄

2010 年 4 月 8 日，菲律宾前总统拉莫斯卸任论坛理事长一职，他表示，虽然他已退休，但“我们还有很多丰富经验，可以促进文化交流，人与人的交流”。图为澳大利亚前总理霍克、菲律宾前总统拉莫斯一起与参会嘉宾合影，并竖起了大拇指。

李英挺 – 摄

Forum Fo
博 鳌

博鳌亚洲论坛2011年年会举行之际，恰逢金砖国家领导人第三次会晤在海南省三亚市举行，新兴国家在世界经济版图中的群体性崛起和经济社会转型令人瞩目；2011年是中国“十二五”的开局之年，中国转变发展方式的新形势、新举措、新机会同样引起关注。在此背景下，博鳌亚洲论坛2011年年会设置了23个议题，高度聚焦包容性发展、新兴经济体、中国“十二五”规划。

2011年4月15日，“全球产业转移的新趋势”分论坛在国际会议中心一层举行。图为分论坛上，巴西航空总裁兼首席执行官Curado(左)和花旗银行副董事长、美国前商务部长古铁雷斯在认真聆听嘉宾的精彩观点。

宋国强 摄

◌ 2012年，亚洲和新兴经济体已成为世界经济复苏和增长的重要动力，“变革”“转型”“结构调整”“可持续发展”成为人们关注的重点。博鳌亚洲论坛2012年年会因此以“变革世界中的亚洲：迈向健康与可持续发展”为主题。

图为博鳌亚洲论坛国际会议中心举行的“博鳌资本分会：金融危机与全球资本市场的新挑战”分论坛上，与会嘉宾Richard Attias事务所主席兼首席执行官Richard Attias（左）与德太集团（TPG）合伙人Tim Dattels（右）在相互交流看法。

张杰－摄

C04

从『一带一路』到『人类命运共同体』

2013 年 4 月 7 日，博鳌亚洲论坛 2013 年年会“对话拉加德”分会场在博鳌亚洲论坛大酒店一层东方演艺厅进行，由博鳌亚洲论坛秘书长周文重（右）对话国际货币基金组织总裁拉加德（左）。

在对话中，拉加德说：“亚洲已经展现了抵御外界冲击的灵活性和能力。亚洲是最近五年来全球经济引擎，其中一半由中国贡献，亚洲通过开放实现成功，已成为全球贸易中心。”

张杰 摄

2013年4月6日至8日，博鳌亚洲论坛2013年年会在海南博鳌召开，主题为“革新、责任、合作：亚洲寻求共同发展”。4月8日，年会举行“粮食安全：亚洲携手 共同面对”分论坛，与会嘉宾围绕如何确保生产足够数量的粮食、最大程度地稳定粮食供应、确保所有需要粮食的人都能获得粮食等三个方面，探讨了全球目前的粮食安全形势和未来前景。与会嘉宾一致认为，今后40年亚洲面临的粮食安全形势更加严峻，各国只有携起手来，加强亚洲区域及国际协调，共同应对，才能确保粮食安全。

图为会议上，中国工程院院士、“杂交水稻之父”袁隆平（右）和世界贸易组织副总干事 Alejandro Jara 在交流观点。

宋国强 摄

ASEAN-China Governors/Mayors' Dialogue
Local Cooperation: Driving Force to Build a Community of Common Destiny
中国－东盟省市长对话
地方合作—命运共同体的驱动力
Boao Foru
博鳌

2015 年 3 月 27 日上午，来自中国和东盟的 16 个省市负责人相聚博鳌，举行了博鳌亚洲论坛“中国—东盟省市长对话”分论坛，开启首次中国—东盟省市长对话，利用博鳌亚洲论坛舞台，积极交流彼此的发展经验，探讨相互合作的领域。各省市长共同签署了《中国—东盟省市长对话共同声明》。会后，各省市长手拉手合影留念。此后，中国—东盟省市长对话成为博鳌亚洲论坛年会中推动中国与东盟国家地方合作的机制性品牌分论坛。

海南省外事办公室 - 提供

Boao Forum For Asia
博鳌亚洲

2015 年 3 月 26 日晚，博鳌亚洲论坛 2015 年年会电视辩论“青年领袖圆桌会议：多元的时代 个体的力量”在博鳌亚洲论坛国际会议中心举行。会议话题包括“全球化的进程中，是共识增强了，还是分化加剧了？”“置身于轰轰烈烈的互联网浪潮中，青年人在坚守大平台和创业单飞中该如何选择？”等。在会议结束后，现场观众与年轻的嘉宾代表们合影留念。

青年领袖圆桌会历来是博鳌亚洲论坛年会的亮点之一。从首次举办至今，邀请了比尔·盖茨、张亚勤、马蔚华、赵小兰等全球领军人物作为特邀嘉宾，与全世界的青年才俊就相关问题进行了探讨。

黄一鸣 – 摄

2016年3月22日，参加博鳌亚洲论坛2016年年会的八方嘉宾陆续到来。博鳌的新朋老友借此欢聚，一片热闹喜庆氛围。应邀前来参会的诺贝尔文学奖获得者、中国著名作家莫言（中）抵达博鳌酒店时，心情轻松，面对镜头，不禁竖起大拇指感叹海南的好空气。

张杰 摄

主题为“亚洲新未来：新活力与新愿景”的博鳌亚洲论坛2016年年会于2016年3月22日至25日在海南博鳌举行，来自62个国家和地区的2100名嘉宾参会。

年会共设置88场讨论，包括1场开幕大会、51场分论坛、15场圆桌会议、5场主题餐会、10场创业者对话会和6场电视辩论。“创新”“创业”是当年亚洲经济热词。

郭程 摄

BOAO FORUM FOR
ASIA
博鳌亚洲论坛2017年
BOAO FORUM FOR ASIA ANNUAL
傅莹
FU Ying
吴士存

2017年3月25日下午，由中国南海研究院承办的博鳌亚洲论坛南海分论坛举行。分论坛的主题为“21世纪海上丝绸之路建设和泛南海地区共同发展：新形势下的机遇与合作”，来自10多个国家和地区的近百名嘉宾参加了分论坛。

中国南海研究院－提供

2017 年 3 月 26 日，博鳌亚洲论坛“华商领袖与华人智库圆桌会议”在博鳌召开。该会议是在博鳌亚洲论坛框架下举办的华商领袖高端会议，是华商领袖凝聚共识、参与亚洲及世界经济治理的一个有效平台，也是华商之间增进友谊、开展合作的桥梁。

海南省外事办公室 — 提供

BOAO FORUM FOR
ASIA
博鳌亚洲论坛2018年年会
施学理
Larry CHAN

C 2018年4月9日，博鳌亚洲论坛“21世纪海上丝绸之路岛屿经济”分论坛举行，来自中国、泰国、挪威、马耳他、菲律宾等国家的嘉宾围绕“合作的新时代：岛屿经济的包容性发展”展开了探讨。与会代表分享了岛屿地区发展经验，展望了在“一带一路”框架下岛屿经济体交流与合作的愿景。

论坛还发布了《全球岛屿发展年度报告（2017）》，回顾了过去一年全球岛屿国家和地区的经济发展情况，并探讨了经济发展模式等重要议题。

“21世纪海上丝绸之路岛屿经济”分论坛是海南省牵头创办的旨在推动全球岛屿合作发展的品牌，自2016年创办以来，论坛为全球岛屿发展提供了重要的国际公共产品。

▪ 海南省外事办公室 — 提供

博 鳌 亚
'Vision for
Co-prosperity'
共存共荣
OAO FOR

博鳌亚洲论坛2018年年会期间，论坛会员大会选举产生新一届论坛理事会，联合国第八任秘书长潘基文当选论坛理事长。图为当年4月10日，潘基文出席“改革开放40年：中国与世界”分论坛时用“共存共荣”点赞中国改革开放40年的成就。

王凯　摄

BOAO FORUM FOR ASIA
BOAO FORUM FOR ASIA SECRETARIAT HAIKOU OFFICE
博鳌亚洲论坛秘书处海口办公室
揭牌仪式
BOAO FORUM FOR ASIA SEC
博鳌亚洲论坛秘
INAUGURATIO
揭牌

2020年9月25日上午，博鳌亚洲论坛秘书处海口办公室正式揭牌。海南省委、省政府领导，老挝、巴基斯坦、柬埔寨、印度尼西亚、日本、泰国和新西兰等发起国驻华使节代表，论坛理事、咨委代表和论坛企业合作伙伴代表出席揭牌仪式。

博鳌亚洲论坛秘书处海口办公室负责论坛秘书处与海南省政府及相关机构、企业的日常联系，并开展相关工作，同时围绕论坛年会和博鳌亚洲论坛全球旅游论坛大会等不断加强论坛与海南的沟通联络合作，充分发挥国际组织平台优势，汇聚更多国际资源，助力海南自贸港建设。

海南省外事办公室 — 提供

20

BOAO MOMENT

20 YEARS OF BOAO FORUM FOR ASIA IN CAMERAS

第二章

博鳌速度

改革开放初期，深圳经济特区率先突破创造了“深圳速度”。21世纪之初，海南发扬“敢闯敢试、敢为人先、埋头苦干”的特区精神，创造了“博鳌速度”。

从最初建成博鳌亚洲论坛国际会议中心等会议基础设施，到后来的博鳌机场、博鳌通道、博鳌乐城国际医疗旅游先行区等配套设施的建成，每个项目均只用了10个月左右的时间，大大提升了博鳌的接待能力与综合服务保障能力。

“博鳌速度”体现了海南举全省之力对博鳌亚洲论坛全方位的保障与支持，也体现出海南这个年轻省份，在建省办大特区30年来、在不断的改革开放中，所表现出来的自信、魅力、气度与力量。

01

水城崛起
佳话传奇

C 博鳌水城，河流纵横交错，青瓦屋顶与周边的绿茵、蓝天、碧水融为一体。2000 年 5 月，博鳌水城开始立项建设。2000 年 8 月，海南省政府正式批复博鳌水城总体规划。2001 年 2 月 27 日，博鳌亚洲论坛成立会址正式投入使用，距开建仅仅用了不到 300 天。2002 年 4 月博鳌亚洲论坛首届年会召开时，博鳌水城 15 项工程全部竣工，它以惊人速度谱写了海南特区精神的传世篇章。

黄一鸣 – 摄

袁铭舒 摄

图为博鳌亚洲论坛成立会址。20 年前，这里从一片荒地到建成大会会址仅用了 45 天，按时交付使用。

袁铭舒 摄

博览天下

（见上图）

博鳌水城，在蓝天白云下，几个白色穹顶的膜结构建筑，极富时尚感又颇具特色。

黄一鸣 摄

这座膜结构会场的投影面积为 2368 平方米。这是国内第一个在重大国际会议的主会场建筑上采用膜结构的工程，它新颖奇特的造型和不同于传统结构的突出特点，吸引了与会人员的目光，引起了媒体上的巨大轰动。它采用开放式设计，顶呈锥形，通体乳白色；三面透风，坐在室内即可观赏河海风光。此处现已成为海南 4A 级景区。

黄一鸣 摄

02

会址落成 备受瞩目

“博鳌速度”佳话在博鳌亚洲论坛国际会议中心建设中得到延续。2002 年 1 月，在博鳌东屿岛举行了博鳌亚洲论坛会展中心、酒店开工典礼，海南省领导、琼海市领导和相关代表共同为博鳌亚洲论坛会展中心、酒店奠基。从 2002 年 1 月开工至酒店、基础及配套设施项目建设完成，仅用了不到一年的时间。

符海涛 摄

海南省委、省政府对博鳌亚洲论坛国际会议中心的建设十分重视，将其作为海南省一项重要项目抓紧抓好。海南省委、省政府领导多次亲临现场考察，督促推进博鳌亚洲论坛会址工程的规划建设。

黄一鸣－摄

正在抓紧建设的博鳌亚洲论坛国际会议中心工地，呈现出一片繁忙景象。在这里，集博鳌亚洲论坛国际会议中心、酒店及附属设施于一体的庞大建筑群拔地而起。从开工建设至建成，只用了 360 天，比原计划的 960 天缩短了近 2/3 的工期，再次创造了“博鳌速度”传奇。

袁铭舒 摄

C 经过20年的建设，博鳌亚洲论坛永久会址已相继建成了完善的会议中心、新闻中心，配套的酒店宾馆、高尔夫球场、论坛公园，以及保障论坛交通的博鳌通道。20年在历史的长河中仅是短暂的一瞬，谁曾想过，在这短暂时间里，这里已建设得如此美轮美奂。

从空中俯瞰博鳌亚洲论坛国际会议中心、酒店等建筑，其如在弦之箭，蓄势待发，象征着亚洲地区政治、经济的蒸蒸日上。亚洲地区的政治、经济等，正以惊人速度发展，成为了世界亮点。

郭程 摄

2002 年

袁铭舒 摄

2002 年正在建设的博鳌亚洲论坛国际会议中心，与 2018 年经过多年建设而成的博鳌亚洲论坛国际会议中心全景图对比。

符海涛 摄

（见上图）

C 晴空万里之下，博鳌亚洲论坛国际会议中心既充满着朝气与活力，又张扬着个性。博鳌亚洲论坛发起国国旗迎风飘扬，周围椰叶婆娑，喷泉花圃、绿叶红花簇拥着会议中心，位于三河入海交界处的玉带滩隐约可见，三河交汇处平静如镜，而大海浪花朵朵，这些构成了一幅和谐的自然美景图。

骆云飞－摄

C 03

功能齐全
美景如画

博鳌金海岸温泉大酒店建成于 2000 年，其位于万泉河、九曲江、龙滚河三江入海口处，与玉带滩遥相呼应，是博鳌第一家五星级酒店，是全国首家荣获“中国 5A 级绿色饭店”称号的酒店，也是博鳌亚洲论坛重要配套酒店，为历届博鳌亚洲论坛年会提供了良好的设施和服务。酒店拥有 5 个不同风格的餐厅和酒吧，提供各种美食佳肴。酒店配备有会议厅、棋牌室、健身房、桌球室、乒乓球室、网球场、美容美发场所，以及户外温泉、自行车等。

酒店 – 提供

博鳌金海岸温泉大酒店游泳池

碧波盈盈，椰叶婆娑，海天一色，美不胜收。

陈超 — 摄

（见上图）

博鳌亚洲论坛大酒店（原博鳌索菲特大酒店），建成于 2003 年，是博鳌亚洲论坛年会最主要的接待酒店之一。酒店设计融合中国传统元素和现代风情。酒店拥有 437 间（套）客房，可观赏万泉河、玉带滩等处的景色，会议厅、西餐厅、健身房、乒乓球室、网球场、户外温泉等配套设施一应俱全。

黄一鸣 – 摄

博鳌亚洲论坛大酒店内部花园。

酒店 - 提供

博鳌亚洲论坛东屿岛大酒店建成于 2016 年，坐落于东屿岛上，面向南海，与玉带滩隔河遥遥相望。酒店共有客房 325 间（套），房间宽敞，房型多样。酒店拥有多种餐饮设施，还有多功能宴会厅、中餐厅、西餐厅、大堂吧、健身房、儿童娱乐室、儿童泳池、户外咖啡吧、河边栈道等设施。

酒店 – 提供

东屿岛大酒店水景。

酒店－提供

BOAO FORUM FOR
ASIA
博鳌亚洲论坛
博鳌亚洲论坛新闻中心
BOAO FORUM FOR ASIA PRESS CENTER
东屿岛游客中心
DONG YU ISLAND TOURIST CENTER

博鳌亚洲论坛新闻中心依河而建，总建筑面积5358平方米，由一栋独立的新闻中心及配套设施组成，接待记者能力达2500人次。其中，独立的新闻中心建筑面积4158平方米，主要分为平面媒体及网络媒体工作区、公共演播厅、新闻发布厅及采访间、广播电视区等区域。

骆云飞 — 摄

BOAO FORUM
FOR ASIA
ANNUAL CONFERENCE
2017
23-26th March
Boao, Hainan Province, China
博鳌亚洲论坛
2017年年会

博鳌亚洲论坛新闻中心内景。

骆云飞　摄

（见上图）

从地下穿越万泉河，两侧绵延着海浪状的灯光带，上方有繁星点缀，行车其中，犹如在星空大海中行舟。经过中铁十八局集团建设者 9 个月的日夜奋战，这项“高颜值”的博鳌亚洲论坛重点配套工程——博鳌通道提前一个月建成并投入使用。

博鳌通道工程位于海南省琼海市博鳌镇，起点为博鳌亚洲论坛成立会址，通道穿越万泉河，接东屿岛博鳌亚洲论坛永久会址。通道工程全长 1.45 千米，双向两车道设计，采取一次性围堰、明挖法施工工序。建成后的博鳌通道，有效缓解了博鳌亚洲论坛年会期间的交通压力，使博鳌镇与论坛会址之间的通行时间由原来的 25 分钟缩短为 3 分钟。

郭程 - 摄

博鳌通道入口的外部景观，与酒店周边环境融为一体，自然和谐。

骆云飞 摄

C 博鳌亚洲论坛公园于2020年建成，位于博鳌东屿岛，与博鳌亚洲论坛永久会址仅有百余米之隔，占地面积2.49万平方米，总建筑面积2029平方米。主要包括乡村会客厅、展厅及配套设施，由22个展厅、5个VIP会客厅和1个游客中心等多个建筑物组成。其设计注重利用东屿岛原有渔村及场地，通过重新组合院落，打造出灰色瓦顶、灰色砖墙的古朴建筑，以简约而不失时尚的风格，打造美丽乡村会客厅，为游客展现了海南村落文化。

公园注重与东屿岛整体环境相结合，与当地的自然生态、建筑符号和后期旅游配套服务设施等方面有机融合。

▪ 袁琛 – 摄

博鳌亚洲论坛公园内部一景。

符海涛 摄

博鳌亚洲论坛公园内的乡村会客厅。

袁琛 — 摄

博鳌亚洲论坛公园一角。

符海涛 — 摄

C04

立体路网
四方通达

博 BOAO 鳌
B-1505

104
Airlines 海南航空
1505

初榨椰油
海南礼物
HAINAN GIFT
中国梦
6
5
4
3
2
1

博鳌机场，是海南岛第三个民用机场，是主要服务于博鳌亚洲论坛的机场，同时作为海口美兰机场、三亚凤凰机场的有效补充。博鳌机场 2015 年 3 月正式开工建设。2016 年 3 月，博鳌机场试飞成功，以“博鳌速度”创造了民航机场建设神话。机场已连接高速路，博鳌快速道、博鳌高铁站等配套项目的相继建成，构成了博鳌立体交通网络，为博鳌亚洲论坛年会提供便利的交通服务。

吞吐量稳定上升、国内航点不断开辟、安全服务水平全面提升，博鳌机场厚积薄发，正成为向世界展示海南自贸港形象的重要窗口。

骆云飞 摄

晨光中，环岛高铁列车正经过田洋驶往博鳌。2010 年，海南东环高铁开通，沿途设有博鳌站，将博鳌与海南省内其他各地连接起来，方便速达。

符海涛 摄

博鳌站
Boao Railway Station

（见上图）

◎ 2010 年建成的海南环岛高铁博鳌站，位于毗邻博鳌的琼海中原镇大锡村境内。博鳌站有高等级公路连接迎宾路直达博鳌镇、博鳌亚洲论坛国际会议中心，距博鳌亚洲论坛会址仅 10 千米。

▪ 符海涛－摄

连接博鳌高铁站、博鳌机场、海南东线高速路的迎宾路，从博鳌东屿桥至中原镇十八坡博鳌高速互通出口，全长约 13 千米。公路两旁花团锦簇，树木葱茏。

符海涛 摄

C 2016 年 11 月开建，2019 年竣工投入使用的文琼高速公路，起点顺接海文高速公路，终点连接海南环线高速公路（东线高速）琼海博鳌国际机场进出场路。公路全长 65.7 千米，是保障博鳌亚洲论坛交通通道的重要设施，它的建成通车也标志着海南省沿海各市县间形成高速公路闭环。

袁琛 — 摄

万泉河上大乐大桥雄姿英发。大河两岸，草木葱茏，绿韵情思，如诗如画。博鳌亚洲论坛成立20年来，博鳌万泉河出海口江河上已建成了7座桥梁。一座座桥梁不仅让人们出行交通便捷，更成为壮阔的景观。博鳌通衢，在为博鳌亚洲论坛提供更为舒适便捷的交通的同时，也为博鳌增光添彩，成为博鳌的又一道风景线。

符海涛 摄

ASIA BAY
博鳌·亚洲湾
马六甲
最爱小两房
撼动价格底线
6262 9888

大乐大桥既是万泉河上一道靓丽风景，也是海南滨海旅游公路博鳌段的重要组成部分。图为每年一度环海南岛自行车赛的必经路段。

符海涛 摄

05

周边配套
共奏华章

博鳌乐城国际医疗旅游先行区，是 2013 年由国务院批准设立的国内唯一的国际医疗旅游产业园区，集医疗康复养生、生态节能环保、绿色国际组织和休闲度假于一体，被誉为“博鳌亚洲论坛第二乐章”。博鳌乐城国际医疗旅游先行区博鳌规划面积共 20.14 平方千米，是首批国家健康医疗旅游示范基地，为博鳌亚洲论坛年会提供高品质的医疗保障服务。

博鳌乐城国际医疗旅游先行区－提供

海南博鳌乐城国际医疗旅游先行区综合服务中心

博鳌乐城国际医疗旅游先行区综合服务中心。

袁琛 摄

（见上图）

C 中国（海南）南海博物馆，位于毗邻博鳌的潭门港，总建筑面积 70593 平方米，是旨在展示南海人文历史和自然生态，保护南海文化遗产，促进海上丝绸之路沿线国家和地区文化交流的综合性博物馆。

2019 年 10 月，中国（海南）南海博物馆被批准为国家 4A 级旅游景区。2020 年 12 月，获评国家一级博物馆。

符海涛 - 摄

中国（海南）南海博物馆展馆内景。

骆云飞 — 摄

晨光中的博鳌湾，宁静而安稳。

符海涛 摄

北仍客廳

茂密椰林中的漫步、姹紫嫣红间的小憩，一杯“夫人咖啡”一口琼海味道。博鳌亚洲论坛2015年年会期间，部分中外领导人夫人造访琼海市嘉积镇北仍村，走进开放式的传统民居建筑“北仍客厅”。借着博鳌亚洲论坛的影响力，琼海向全世界展现了美丽乡村的面貌，全国各地的游客，即便只为那一杯“夫人咖啡”，也愿意不远千里而至。

郭程 摄

自美丽乡村北仍村建设成功后，博鳌又推出了其他各具特色的美丽乡村，它们也成为中国美丽乡村会客厅。美丽乡村会客厅之一的沙美村位于琼海市博鳌镇南面，坐落于金牛岭脚下，距博鳌亚洲论坛永久会址 4.6 千米，距博鳌机场 11 千米。沙美村面朝风景优美的沙美内海，远眺烟波浩瀚的大海，被九曲江、龙滚河环绕，同时拥有山峦林野风貌、南国田园风光、丘陵村落景观和海河湖泉景色，集“山水林田湖”的生态景观于一体，地理位置优越独特，自然资源得天独厚。

郭程 摄

2017 年 10 月，海南省农业厅、琼海市委市政府正式启动沙美村美丽乡村建设，拟将其建成一个以自然山水为基地，以历史文化为内涵，兼顾游客体验和村民生活的宜居、宜游的可持续发展型村落。沙美村基础设施逐渐完善，引来八方游客，其在博鳌亚洲论坛 2019 年年会期间作为外事会见、招商茶叙的美丽乡村会客厅，成了全国闻名的“网红村”。

符海涛 摄

俯瞰美丽乡村会客厅之博鳌南强村。南强村位于万泉河畔，毗邻博鳌亚洲论坛会址。村中有成排的传统青砖灰瓦老屋，笔直的巷子与弯弯曲曲的青砖古道相交错，独具风情。加上村中古树、村口万泉河漂流，优美的自然风光和淳朴好客的村民，早已使南强村成为当地景点之一。

骆云飞 摄

骆云飞－摄

结合南强村独特的风情，博鳌以“艺术博鳌，幸福家园”为主题，对南强村进行“艺术 +”改造，并在其与相邻的大路坡村建设了大片花海，精心打造南强客厅、书吧、艺术民宿等。如今，这里已成为集休闲旅游、精品度假、绿色康养于一体的著名生态“艺术 +”村。

骆云飞 – 摄

百姓富

新建成的南强村花海像一幅铺展的画卷。这里百花争艳，洋溢着春天的气息，吸引众多游客利用周末时间前来赏花踏青。南强美丽乡村只是近年来海南积极推动的“美丽海南百镇千村”建设成果的一个缩影。数据显示，截至2020年年底，海南通过创新建设用地供给方式，规范设施农业用地管理，加大财政金融资金支持力度等举措，解决美丽乡村建设用地难、报建难、投入少、监管缺失等问题，已建成美丽乡村逾千个。

骆云飞－摄

BOAO MOMENT

20

20 YEARS OF BOAO

FORUM FOR

ASIA IN CAMERAS

第三章

博鳌乐章

从始料不及到井然有序，从幕后“服务员”到台前“参与者”，从四处奔波到一地办会，从没有经验到人才高地……博鳌亚洲论坛历次年会、最美国事活动、金砖国家领导人第三次会晤、澜湄合作首次领导人会议、中非合作圆桌会议等一批重要外交活动在海南举办，外事保障人员经历了一次又一次的大考，一次又一次地把最美的海南展现在客人面前。

20 年来，海南在服务接待、新闻宣传、安全保卫、食品安全、安全生产、环境整治、医疗卫生等方面为论坛提供全方位保障服务。

如果说博鳌会展硬件设施是一架钢琴，那么外事服务保障人员就是弹奏这架钢琴的那灵巧双手，他们一路与博鳌论坛并肩前行，一道奏出了和谐而悦耳的博鳌乐章。

01

会前演练 检查落实

博鳌亚洲论坛2019年年会前，园艺工人刚在广场上用鲜花制作完成巨大的博鳌亚洲论坛标识。每年博鳌亚洲论坛年会召开前夕，东屿岛博鳌亚洲论坛国际会议中心周围都被装扮一新。

骆云飞 摄

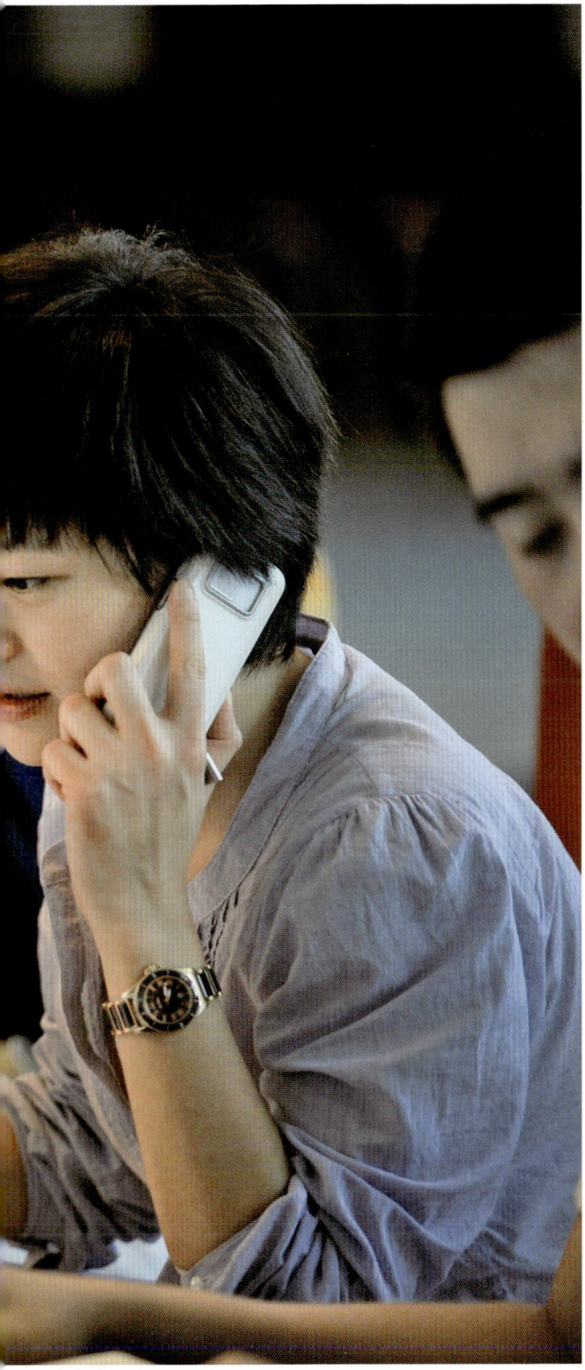

C 2010 年 4 月 2 日，博鳌亚洲论坛年会海南省指挥中心内，年会礼宾组工作人员正在紧张工作。为做好年会服务保障工作，每年年会期间海南省都会成立现场指挥中心，由领导小组办公室和各大组派出值守领导和联络员进行联合办公，负责年会期间的现场指挥和综合协调工作。

宋国强 — 摄

博鳌亚洲论坛2019年年会前夕，外交部、公安部特勤局、博鳌亚洲论坛秘书处和海南省有关部门在博鳌联合组织全要素综合大演练。图为海南省领导在综合演练现场检查指导工作。

海南省外事办公室 提供

博鳌亚洲论坛 2014 年年会前夕，海南省外事办牵头举行国事活动演练。图为工作人员现场推演车队抵达时的场地安排。

海南省外事办公室 – 提供

博鳌亚洲论坛 2017 年年会前夕，安保组正在通过警犬进行排爆检查。

海南省外事办公室 - 提供

BUICK
ASIA
博鳌亚洲论坛2019年年会唯一指定贵宾用车

博鳌亚洲论坛年会的全要素综合演练要求对年会重点环节进行全真模拟，参与此次演练的工作人员均根据不同演练任务佩戴相应证件，确保各环节顺畅有序。图为年会开幕式车队抵达主会场的模拟演练现场。

海南省外事办公室　提供

博鳌亚洲论坛 2016 年年会前夕，接待服务人员在博鳌亚洲论坛国际会议中心主会场举行工作演练。图为工作人员讲解开幕式进退场流程。

▪ 海南省外事办公室－提供

2008 年 4 月 10 日，在琼海博鳌镇古调洋，琼海农业部门的工作人员在配有 GPS 卫星定位系统和先进的检测仪器的农产品检验检测车上，对田洋里的尖椒等农产品进行检测。这些农产品会提供给参加博鳌亚洲论坛 2008 年年会的国内外嘉宾代表食用。

张杰－摄

2011 年 4 月 12 日，在琼海市嘉积镇，餐饮食品安全保障员在接受食品快速检测相关知识的培训。

为保障博鳌亚洲论坛年会食品安全保障工作，2011 年 4 月，原国家卫生部特向海南省拨发了 10 套“食品安全快速检测箱”检测设备。从 4 月 13 日开始，来自海南省药品监督管理局、海南省卫生监督系统的近百名食品卫生安全监督员，分赴博鳌亚洲论坛年会的 20 余家接待酒店，开展博鳌亚洲论坛年会期间的食品卫生监督检测，全力保障年会期间的餐饮食品安全。

贺澜起 – 摄

LUCAS

C 每年博鳌亚洲论坛年会召开前，卫生保障组工作人员都进行会场急救演练，以做好充分准备，确保万无一失。

▪ 海南省外事办公室 — 提供

乌鲁木齐航空 Urumqi Air
博鳌机场
1569
ASIA
BUICK
别克君越

每年博鳌亚洲论坛年会前夕，海南省外事办公室都会联合多个单位开展重要航班全流程保障实战演练，提升各单位重要航班保障期间的通信联络、快速处置和协同联动等方面的综合处置能力，确保机场服务保障工作顺利进行。

海南省外事办公室　提供

02

专业服务 保障到位

Boao Forum For Asia Annual Conference 2008
博鳌亚洲论坛2008年年会
BOAO FORUM FOR ASIA
INFORMATION DESK | 年会接待服务中心
Office Hours: 7:00-24:00
开放时间：7:00-24:00
Boao Forum For Asia Annual Conference 2008
博鳌亚洲论坛2008年年会
BOAO FORUM FOR ASIA
Boao Forum For Asia Annual Conference 2
博鳌亚洲论坛2008年年会

▪ 海南省外事办公室 – 提供

海南省在 20 年服务保障博鳌亚洲论坛年会的过程中建立起了成熟、专业的保障模式，为与会代表提供专业的服务，为年会顺利召开提供全方位保障。左图为论坛年会酒店接待服务中心，右图为论坛年会注册中心的现场。

骆云飞 摄

博鳌亚洲论坛 2016 年年会开幕式，交通警察在指挥引导外国政要车队入场。

骆云飞 – 摄

大型活动的有序进退场是成功的关键，图为工作人员指挥外国政要车队列队准备开幕式退场。

海南省外事办公室 – 提供

博鳌亚洲论坛2017年年会期间，安保组武装护卫队正在执勤。

海南省外事办公室 — 提供

COSCO SHIPPING
企业文化
服务宗旨
本部服务基层
基层服务一线
一线服务客户
使命
履行社会责任
创造客户价值
提升员工幸福
愿景
以服务博鳌亚洲论坛为核心
打造中国有责任、有价值的
会议及旅游度假经营典范
重大活动保障系统数据大屏
2019年 03月26日 星期二 14:58:45
新境界
市场监

C 博鳌亚洲论坛年会期间，食品安全组通过视频检查、监控年会食品安全，确保工作万无一失。

▪ 海南省外事办公室 – 提供

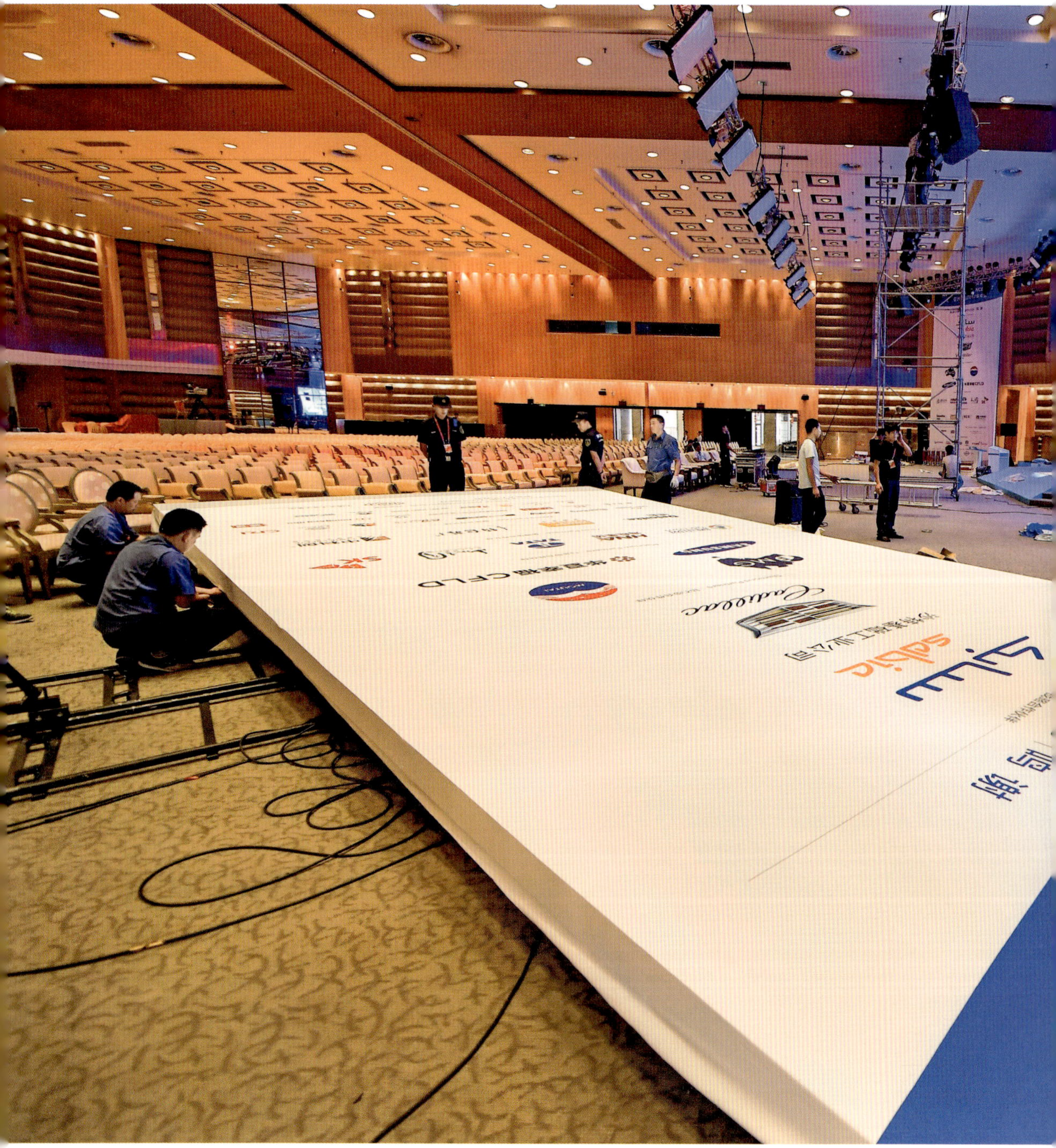

高水平的会议离不开专业的会展保障。图为博鳌亚洲论坛2017年年会前，会展服务人员正在做最后的布场和搭建工作。

骆云飞 摄

ASIA
洲论坛 2 0 1
FOR ASIA ANNUAL

每一场会议召开前，会议服务人员都会在会场检查稿纸、铅笔、水瓶等会议用具，逐一检测每个座位上的麦克风，做到无一漏落，体现出高水平的保障会议服务。

郭程 — 摄

ASIA

◎ 宴会服务是论坛年会期间的重要保障内容之一。2010 年 4 月 9 日，海南省在博鳌亚洲论坛期间举办欢迎晚宴，欢迎与会的人员有中外领导人和各界代表。图为宴会开始前，海南省邀请的北京钓鱼台国宾馆的服务员在进行宴会最后的准备工作。

▪ 张杰 – 摄

C 专业的服务涉及方方面面，工作人员的一个个美丽的笑容展现了海南省专业的服务水平。博鳌亚洲论坛年会举行前夕，博鳌小镇的街道、会址、场馆等都装扮得十分美丽。伴随着博鳌亚洲论坛的成长和发展，一些昔日的服务生、楼层服务员多数现已走向了领导岗位，但每当论坛年会开始之际，他们又立刻走到一线，继续为年会提供保障服务。现任博鳌金海岸温泉大酒店园林主管彭金顺，从2000年开始，连续10年参与博鳌亚洲论坛年会室内外的园艺设计布置工作，他笑称自己是年会的“美容师”。

▪ 王仪 — 摄

C 每一个细节都是良好服务的体现。酒店服务人员相互检查、整理着装，准备迎接参加年会的嘉宾。

▪ 黄一鸣 – 摄

2016 年 3 月 18 日，将要服务博鳌亚洲论坛的礼仪小姐在进行训练。一年一度的博鳌亚洲论坛即将开幕，为论坛服务的礼仪小姐从 3 月 15 日便开始了最后的现场培训工作。这些姑娘是来自海南各高校的志愿者，她们每天都要进行 10 个小时左右的礼仪培训，包括站姿、仪态和嘉宾引导等。

郭程 摄

03

海南元素 论坛绽放

谷得和以丰 人得和以生
Harvest to the crops
And life to mankind
博鳌亚洲论坛
BOAO FORUM FOR ASIA A
共同命运 共同行动 共同发展
SHARED FUTURE, CONCERTED ACTION, COMMON DEVELOPMENT

ASIA
博鳌亚洲论坛2019年年会
BOAO FORUM FOR ASIA ANNUAL CONFERENCE 2019

海南作为论坛东道地，在为论坛提供优质服务的同时，也让“海南元素”闪耀论坛年会。图为2019年3月28日博鳌亚洲论坛2019年年会期间举行的“海南之夜”主题晚宴，当地文艺团体为博鳌亚洲论坛年会嘉宾表演了精彩的节目。

郭程 摄

独特的地理环境造就了海南独特的文化，20 多项国家级非物质文化遗产项目，成为海南文化的美丽符号。海南多次在年会期间举办非物质文化遗产展示活动，受到了与会代表的欢迎。图为海南省领导现场指导非遗展工作。

海南省外事办公室 - 提供

博鳌亚洲论坛 2019 年年会期间，海南精选了海南椰雕、琼剧、临高人偶戏等 8 个非遗代表性项目和近 200 件非遗实物展品，通过 14 个“桌剧场”精彩呈现。图为现场非遗传承人和外国嘉宾互动。

海南省非物质文化遗产中心 — 提供

图为博鳌亚洲论坛 2014 年年会期间海南非物质文化遗产展现场。

宋国强 — 摄

▪ 武威 – 摄

为营造博鳌亚洲论坛舒适、宽松的会议氛围，海南省依托博鳌周边的美丽乡村，策划“美丽乡村会客厅”，把外事活动和美丽乡村振兴结合起来，并取得了丰硕的成果。图为博鳌亚洲论坛2019年年会期间，外商在美丽乡村会客厅参加会见。

陈元才 – 摄

博鳌亚洲论坛 2019 年年会前夕，为做好“美丽乡村会客厅”建设，琼海市委、市政府领导现场检查有关项目进展。

郭程 – 摄

图为身着海南特色民族服装的引导员，她们在论坛年会现场为代表提供指引服务。

骆云飞 摄

为给参会代表提供丰富的饮食体验，推广海南美食文化，海南省在论坛年会期间设置“海南美食风情园”，受到国内外嘉宾的一致好评。图为博鳌亚洲论坛 2017 年年会期间“海南美食风情园”一角热带水果区，工作人员正在摆放海南热带水果。

郭程 摄

博鳌亚洲论坛2019年年会
BOAO FORUM FOR ASIA ANNUAL CONFERENCE 2019
MEDIA CENTER
中国电信
CHINA TELECOM
5G hello
赋能未来
8K VR + 5G + 4K
沉浸式体验

▪ 骆云飞 – 摄

C 新时代海南全面深化改革开放带来新兴产业的蓬勃发展，中央赋予海南的优惠政策，也最先由博鳌亚洲论坛的平台展现。图为博鳌亚洲论坛 2019 年年会新闻中心现场，媒体记者体验“5G+ 4K+VR”高清直播，这也是博鳌作为国家 5G 规模组网及应用示范项目的试点地区，带给与会代表的最新体验。

▪ 骆云飞 — 摄

离岛免税政策是国家在新时代赋予海南独有的优惠政策。为给博鳌亚洲论坛与会代表提供更好的离岛免税购物体验，博鳌免税店于 2019 年 1 月 19 日正式开业，当年年会期间接待人员超过 3000 人次，三天共实现销售收入近 800 万元人民币。图为年会期间，一位参会代表在免税店选购化妆品。

郭程 摄

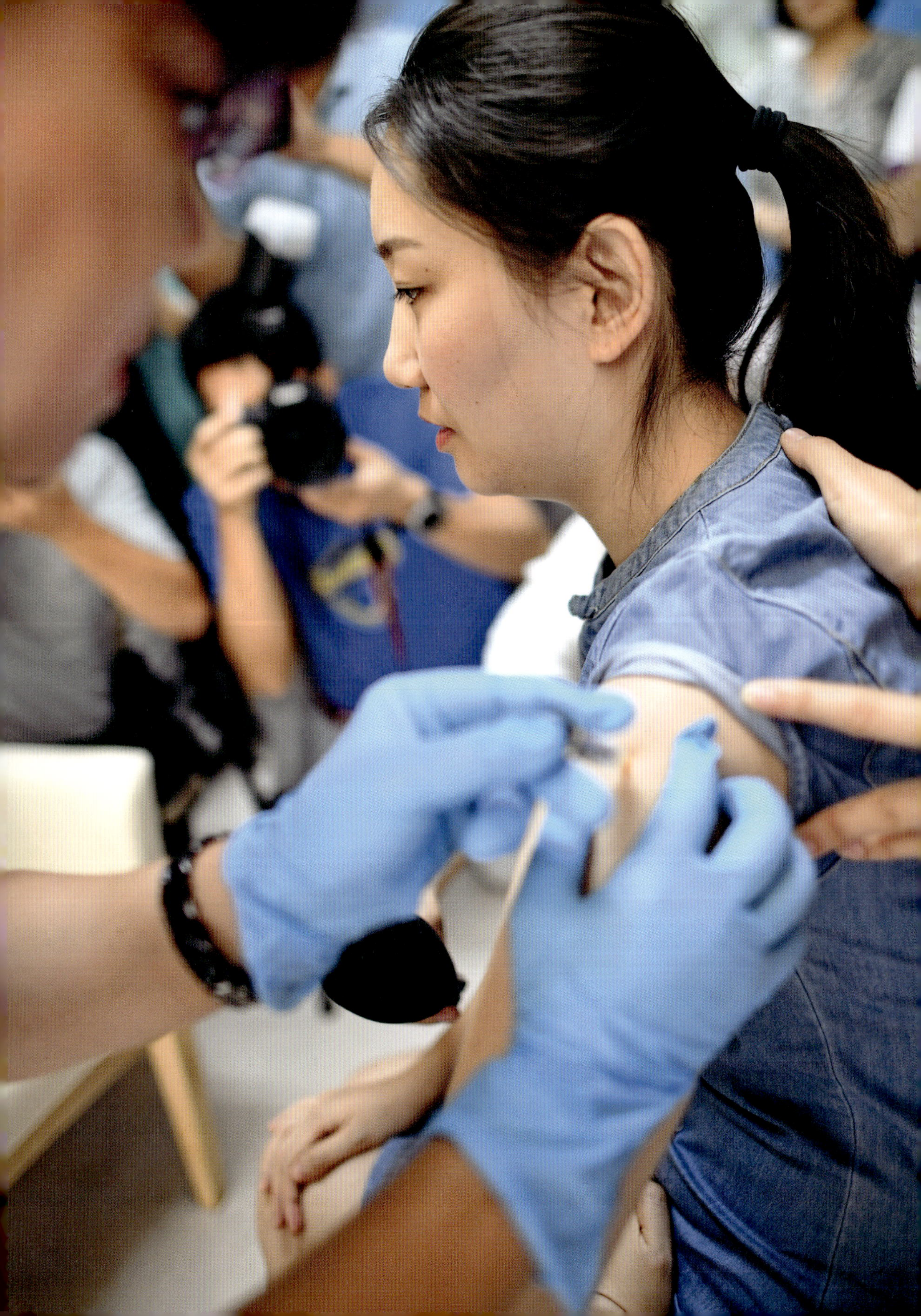

博鳌乐城国际医疗旅游先行区是博鳌亚洲论坛的重要配套项目之一，国务院批准了一系列优惠的医药、器械和医师准入政策，让患者不出国门即可享受到国际一流的医疗服务。目前已有多家医疗机构入驻博鳌乐城国际医疗旅游先行区，可为论坛提供医疗康养配套服务。图为 2018 年 5 月 30 日，在海南博鳌超级医院和睦家医疗中心，护士正在为来自北京的顾客注射第一针九价 HPV 疫苗。

郭程 — 摄

B O A O

MOMENT

20

20 YEARS OF BOAO

FORUM FOR

ASIA IN CAMERAS

第四章

博鳌风光

博鳌地处南海之滨，三江汇聚于此，河海交汇，水阔怡人，水天一色。

这里山岛相望，草木葱茏，处处鸟啼嘤嘤，花红景秀，瓜果飘香。山水清音，田园阡陌，人们诗意栖居，如诗如画，美得令人心醉。

博鳌的美，在于江与海的交融，山与岛的相望，保持着近乎完好的和谐自然；在于纯朴浓厚的人文气息，人与自然和睦相伴，和衷共济……

博鳌之美，是天地人共生之美，是和谐之美。

01

河海交融

在空中俯瞰博鳌三江入海口，河海之中沙岛星罗棋布。玉带滩，犹如一只擎天巨手，伸在河与海之间。臂弯内的万泉河出海口，风平浪静，博鳌亚洲论坛永久会址就如婴儿般静静地躺在这臂弯中。

符海涛 摄

玉带滩两侧景象迥然不同，一边是惊涛拍岸，一边是波澜不惊。此处，动与静，相映成趣。

符海涛 摄

（见上图）

○ 博鳌红石滩的礁石呈赭红色，大都是长条状，棱角分明，形似山水画技法中的斧劈皴。每当朝阳即将喷薄而出，这一片红礁石迎合朝霞的艳丽，海浪拍击，水雾升腾，加上缓缓的浪花回流，亦真亦幻，令人不禁赞叹大自然之奇妙造化。

■ 符海涛－摄

圣公石千百年来如镇海石般傲然屹立在博鳌港外，阻挡着汹涌波涛。早在明代，“圣石捍海”就被列入“乐会八景”，有诗赞：“蔚蓝天外浪漫漫，水国凭临眼界宽。圣石捍门依绝港，中流作柱挽狂澜。质同华表凌空起，势镇洪涛持地蟠。海市蜃楼相映外，星精留向此间看。”

陈超 — 摄

（见上图）

金滩细沙，海浪轻柔，是那样宁静。几艘赶潮归来的小艇，在平静的河面上拉起了浪花犁痕，打破了瞬间的宁静。远处，晨光中的圣公石静静地屹立着，像是守护着平安归来的渔人。

陈超 – 摄

02

绿意情韵

C 博鳌龙潭洋农业公园一角的椰树、槟榔树相映成趣；田洋中稻谷青黄相间，和谐自然，犹如一幅色彩绚丽的热带田园风光油画。博鳌龙潭洋农业公园紧邻博鳌亚洲论坛永久会址，是 2016 年打造的农旅结合新亮点，占地近 200 亩，种植品种多样的农作物。

▪ 符海涛－摄

（见上图）

C 沙美内海位于金牛岭下沙美村旁，是由龙滚河、九曲江两条河流冲刷泥沙沉积而形成的潟湖。这里常常波澜不惊，湖面平静如镜。周边生长着大片红树林，植被茂盛，生态原始自然，是水鸟和其他水生动物的良好栖息地。

陈超－摄

博鳌生态环境完好，沙美内海周边建立了湿地公园，常常引来鹭鸟休闲觅食。

陈超 摄

（见上图）

航拍龙寿洋万亩田野公园，犹如一幅大地画卷。
农旅结合的美丽乡村，青绿成荫。

符海涛－摄

03

田园小镇

远望东屿岛博鳌亚洲论坛永久会址，绿树葱茏，绿草茵茵，生态完好，宁静祥和。

符海涛 摄

20年来，随着博鳌亚洲论坛的成立与发展，博鳌小镇已从一个名不见经传的渔村小镇，发展成为一个国际化、多元化、生态化、世界闻名的会议小镇。

符海涛 摄

LONG TAN LING
中信
龍潭嶺

C 04

詩意栖居

晨曦中的博鳌村落，万泉河缓缓东流。田园阡陌，村落瓦舍，七彩斑斓，晨雾缭绕，如梦如幻。

符海涛 摄

（见上图）

C 琼海博鳌镇大乐水乡，位于博鳌大乐村。海潮尽退，晚霞满天，渔民踏浪而归，满载而回，带着一天辛勤劳动满满的收获归家。

■ 陈超－摄

博鳌留客村是著名侨乡，入选第二批中国传统村落，村中本地居民300多人，海外华侨650多人，是爱国侨领蔡家森的故乡。蔡家宅是蔡家森二十世纪三十年代从印尼回乡建造的一座中西合璧城堡式的宅院，迄今风姿依然，有“海南侨乡第一宅”之誉。2006年5月，蔡家宅被列为第六批全国重点文物保护单位。

骆云飞 摄

C 经过了近一个世纪的风雨，蔡家宅的子孙们还生活在这座老宅中，堂屋中的摆设仍是当时的样子。斯人已去，风采依然。

骆云飞 摄

每年端午节，博鳌湾沙滩热闹非凡，来自周边的居民与游客都涌来“洗龙水”，喜乐融融。

博鳌湾占据三江（万泉河、九曲江、龙滚河）入海口的鳌头位置，东面向海，南面临河，沙滩宽阔平缓，有近2千米沙滩线；端午节前后，水温适宜，浪涛平和。岸边有妈祖庙，不远处便是圣公石、玉带滩。

符海涛 — 摄

三亚15018
15018

（见上图）

C 赶海节是潭门渔民开渔的时节，在喜庆的爆竹声中，又一艘渔船准备开航。

潭门港与博鳌镇毗邻，是国家中心渔港。每年八月南海休渔期结束后，当地的渔民都会出海捕捞作业。出海前的民俗活动打造成为赶海节，节庆活动是当地渔民的传统活动内容，赶海节中相继进行拜祭龙王、拜祭海神娘娘、祭祀斗海盗战风浪的“108 兄弟公”、舞鲤鱼灯等丰富多彩的传统活动，再现一场古老神秘的渔家典礼。

骆云飞 — 摄

15018

（见上图）

◎ 赶海节是潭门渔民开渔的时节，在喜庆的爆竹声中，又一艘渔船准备开航。

潭门港与博鳌镇毗邻，是国家中心渔港。每年八月南海休渔期结束后，当地的渔民都会出海捕捞作业。出海前的民俗活动打造成为赶海节，节庆活动是当地渔民的传统活动内容，赶海节中相继进行拜祭龙王、拜祭海神娘娘、祭祀斗海盗战风浪的“108 兄弟公”、舞鲤鱼灯等丰富多彩的传统活动，再现一场古老神秘的渔家典礼。

■ 骆云飞 — 摄